**STEIDL**

taschenbuch 209

*Günter Grass*, 1927 in Danzig geboren, ist Schriftsteller, Bildhauer und Grafiker. Bereits in den sechziger Jahren kritisierte er die »Wahrheitsbeugung durch die Springer-Presse« ebenso wie die gewaltsamen Auswüchse auf Seiten der Springer-Gegner.

*Mathias Döpfner*, geboren 1963 in Bonn, promovierter Musikwissenschaftler, war Chefredakteur der *Wochenpost, der Hamburger Morgenpost* und der *Welt* und ist seit 2002 Vorstandsvorsitzender der Axel Springer AG.

*Manfred Bissinger*, geboren 1940 in Berlin, war stellvertretender Chefredakteur des *Stern,* Chefredakteur von *Konkret, natur, Merian,* Generalsekretär des P.E.N. sowie Gründer und Chefredakteur der *Woche*. Er arbeitet heute als Geschäftsführer im Hoffmann und Campe Verlag.

# Günter Grass/Mathias Döpfner
# Die Springer-Kontroverse

Ein Streitgespräch über Deutschland

Herausgegeben von Manfred Bissinger

Steidl

06  07  08  09  10  11    9  8  7  6  5  4  3  2  1

© Copyright: Steidl Verlag, Göttingen 2006
Alle Rechte vorbehalten
Umschlaggestaltung: Steidl Design/Claas Möller
Satz, Druck, Bindung:
Steidl, Düstere Straße 4, D-37073 Göttingen
www.steidl.de
Printed in Germany
ISBN 3-86521-352-9
ISBN 13: 978-3-86521-352-5

# Vorwort

Am Anfang stand ein Brief. Mathias Döpfner, der Vorstandsvorsitzende der Axel Springer AG, erbat beim schärfsten Kritiker seines Konzerns, dem Literaturnobelpreisträger Günter Grass, ein Manuskript zum 20. Todestag des Verlagsgründers. Es könne ruhig »kritisch« sein und dürfe »Grenzen überschreiten«.

Grass aber mochte nicht. Bevor er seinen vor bald vierzig Jahren ausgesprochenen Boykott des Hauses Springer infrage stellen würde, müsse das Gespräch gesucht werden. Die Herren trafen sich am 27. März 2006 im Atelier des Schriftstellers und Bildhauers in Behlendorf/Schleswig-Holstein und nahmen ein erstes Mal Maß. Sie diskutierten die jüngere deutsche Geschichte, vor allem das Wohl und Wehe, das die so genannte 68er Protestgeneration über das Land gebracht hat. Mathias Döpfner war aus Berlin angereist, im Gepäck eine Flasche Rotwein, Château Latour Jahrgang 1968. Ein edler Tropfen aus geschichtsträchtigem Jahr. Die Atmosphäre war entspannt.

Entkorkt wurde der Latour nicht, dafür aber ein nächstes Treffen vereinbart. Grass und Döpfner wollten ihren Dialog fortsetzen und ihn als erstes Zeichen gegenseitiger Toleranz zum Druck freigeben. Für den 29. Mai 2006 bat mich Günter Grass als Moderator nach Behlendorf; der Fotograf Wolfgang Steche sollte den historischen Moment im Bild festhalten.

Meine vorsichtshalber mitgebrachten Fragen musste ich nicht auspacken. Von der ersten Minute an brauchte der Disput kein Stimulus, über drei Stunden wogte er hin und her. Eine erste, stark gekürzte Abschrift fand ihren Weg in den SPIEGEL. Das Interesse an dem ungewöhnlichen Dialog aber war so groß, dass schnell Fragen nach einer erweiterten Fassung aufkamen, die nun als Taschenbuch vorliegt.

Den Gesprächen von Behlendorf sollen weitere folgen. Die grundsätzlichen Positionen zwischen Springer-Konzern und Deutschlands intellektueller Elite lassen sich nicht in wenigen Stunden ausdiskutieren.

Günter Grass jedenfalls hat Mathias Döpfner nach dem ersten Gesprächsdurchgang intensive Lektüre der Zeitungen des Hauses Axel Springer angekündigt, im Sinne des geführten Gespräches wolle er »nicht locker lassen«, bevor er endgültig entscheidet, ob er seinen Boykott aufgeben will.

Mathias Döpfner fand, der Dialog habe »einen Schritt weiter gebracht«. Für beide war das Gespräch von Behlendorf mehr als ein »Anfang«.

Hamburg, im Juli 2006                Manfred Bissinger

*Manfred Bissinger:* Herr Grass, Herr Döpfner, Ihr Gespräch war schon Bewertungen ausgesetzt, bevor es überhaupt stattgefunden hat. Die Rede war von einem bevorstehenden »schweren Match«.

*Mathias Döpfner:* Es muss kein Match werden.

*Bissinger:* Sie beide gehören zu den herausragenden Persönlichkeiten der Republik. Der Nobelpreisträger Günter Grass ist erst kürzlich zum obersten Intellektuellen des Landes gekürt worden. Mathias Döpfner führt mit dem Springer-Konzern Europas mächtigsten Zeitungsverlag. Was erhoffen Sie sich von diesem Dialog?

*Döpfner:* Günter Grass ist ein Leitwolf der intellektuellen Entwicklung der vergangenen fünfzig Jahre – und für mich in zweierlei Hinsicht ein Bezugspunkt. Politisch ein negativer, künstlerisch ein positiver. Der Sprachvirtuose und Erzähler hat mich seit der Kindheit geprägt. Er wird über das Politische hinaus immer Bedeutung haben. Wegen dieser Widersprüchlichkeit interessiert mich das Gespräch und die historische Auseinandersetzung mit dem Haus Axel Springer. Wir sollten offen und ohne falsche Harmonie unsere Positionen austauschen.

*Bissinger:* Sie argumentieren ja aus sehr unterschiedlichen Welten. Vor der Vergangenheit also erst mal die Gegenwart. Herr Grass, was bedeutet Ihnen Freiheit?

*Günter Grass:* Ich habe gelernt, dass Freiheit kein fester Besitz ist, dass sie Zwängen unterliegt; das beginnt bei der Meinungsfreiheit und endet bei der Macht des Kapitals, die unsere Freiheit auf unmerkliche, aber doch spürbare Art und Weise einschränkt. Freiheit ist für mich deckungsgleich mit Demokratie, und unser demokratisches System ist mehr und mehr nicht nur durch äußere Feinde oder gar durch Terrorismus gefährdet, sondern auch durch einen Lobbyismus, der die Handlungsfreiheit der Parlamentarier einschränkt. Es gibt keine Gesetze mehr, die nicht von der Lobby beeinflusst, ja manchmal sogar geschrieben worden sind. Für Freiheit werde ich mich immer einsetzen.

*Döpfner:* Schreibend?

*Grass:* Als schreibender Mensch und als wacher Bürger.

*Döpfner:* Für mich ist Freiheit wichtigste Voraussetzung für eine humane Gesellschaft. Meine Politisierung ist durch den Holocaust als negativem Ausgangspunkt geprägt. Der Schock meiner Kindheit waren die Bilder und Erzählungen von diesen unvergleichbaren Verbrechen. Die wichtigste Konsequenz daraus wurde für mich die Freiheit des Andersdenkens, die Freiheit des Individuums, die Freiheit des Handelns zu sichern.

*Bissinger:* Wie ist das konkret zu verstehen?

*Döpfner:* Über die Jahre hat sich daraus ein Dreieck entwickelt: Da ist die Überzeugung, dass Amerika und England die freiheitserprobtesten Demokratien sind. Dann Israel. Ich bin ein nicht-jüdischer Zionist. Israel ist ein Land, dessen Existenz gesichert werden muss. Und schließlich die Freiheit des Eigentums, des Handels. Sie können es auch Kapitalismus nennen. Ich glaube, dass Kapitalismus unter allen ungerechten Organisationsformen der Gesellschaft immer noch die gerechteste, die humanste und die freiheitlichste ist. Mein Freiheitsbegriff steht über dem Dreieck: Amerika, Israel, Marktwirtschaft – das Gegenbild zu Nationalismus und Sozialismus.

*Grass:* Ich stimme Ihnen zu, wenn Sie sagen, dass Amerika und England aufgrund der geschichtlichen Entwicklung mustergültig sind in der Handhabung von Demokratie und Vielfalt und wir – nach der Einheit auch Gesamtdeutschland – eng verbunden sind mit dieser Welt. Bei Reisen durch England und die USA habe ich selbst entscheidende Impulse erfahren für den

Aufbau der Sozialdemokratischen Wählerinitiative. Ich bewundere, wie kritisch die Bürger dort mit ihren eigenen Regierungen umgehen. Jetzt allerdings müssen wir erleben, wie die beiden Führungsmächte des Westens sich selbst und uns in ein Desaster hineingeritten haben, aus dem nur schwer herauszukommen ist.

*Bissinger:* Hat das nicht schon vor über einem Jahrzehnt begonnen?

*Grass:* Die Welt war noch überschaubar und korrigierte sich wechselseitig, solange es die Großmächte Sowjetunion und USA nebeneinander gab. Beide waren überfordert, beide führten ihre Stellvertreterkriege, in Vietnam oder in Afghanistan. Nun aber gibt es nur noch die eine Weltmacht, die dazu mit einer gefährlichen Führung ausgestattet ist. Ich halte es für unzulässig, notwendige Kritik an ihr mit dem Schlagetotwort »Antiamerikanismus« wegzubügeln. Ihre Zeitungen tun das, BILD grobschlächtig, DIE WELT ein wenig differenzierter. Ich erlebe das als Einschränkung von Meinungsfreiheit.

*Döpfner:* Auf Ihre gestörte Wahrnehmung unserer Zeitungen kommen wir vielleicht später. Zum Thema: Dass man Verbündete und Freunde besonders offen kritisieren muss, ist doch klar. Nicht jede Amerika-Kritik ist »Antiamerikanismus«. Aber viel Amerika-Kritik, die angeblich nur der gegenwärtigen Regierung gilt, geht in Wahrheit tiefer und wurzelt in einem rechts wie links verbreiteten Ressentiment. Die wirtschafts- und außenpolitischen Grundlinien der Vereinigten Staaten werden von jedem Präsidenten vertreten, ob er nun Clinton oder Bush heißen mag. Amerika hat erkannt, dass es eine akute Bedrohung für den freien Westen gibt, und zwar durch nichtfreiheitliche, kollektivistische Strömungen, die sich immer wieder in sozialistischen oder faschistischen Diktaturen entwickelt haben und die sich heute in bestimmten Ausprägungen des islamistischen Fundamentalismus wiederfinden.

*Bissinger:* Sie spielen auf das Ahmadinedschad-Gespräch im SPIEGEL an?

*Döpfner:* Er spricht die Sprache der Rechtsradikalen. Wer das liest, muss erkennen, wie akut die heutige Führung Irans unsere freiheitliche, offene Gesellschaft bedroht. Mein Wunsch wäre, dass man etwas mehr Sympathie für Amerika und etwas weniger Häme über die Misserfolge im Irak an den Tag legte. Die Amerikaner haben entscheidend dazu beigetragen, Europa erst vom Nationalsozialismus, dann vom Kommunismus zu befreien. Sie haben die Hausaufgaben der Europäer auf dem Balkan erledigt, und am Ende werden sie Europa auch vor diesem Diktator Ahmadinedschad schützen.

*Grass:* Stichwort Iran: Entschuldigen Sie. Wir sind doch beide vom Gedächtnis geschlagen. Und so erinnern wir uns, dass es dort mal eine Reformbewegung gegeben hat – einen Mann namens Mossadeq –, die von der CIA beseitigt wurde. Danach kam das Folter-Regime des Schahs. Wider jeden demokratischen Grundsatz wurde es von den USA geschützt. Dann erst kam eine Revolution und später das Umkippen ins andere Extrem: religiöser Wahn. Stichwort Irak: Die USA haben mit dem verhassten Saddam Hussein einen Pakt geschlossen, haben ihn aufgerüstet gegen Iran. Der erste Golf-Krieg war die Folge, finanziert von den USA. Das muss man vor Augen haben, um zu begreifen, dass die Bush-Administration – da unterscheidet sie sich von früheren – zu weit gegangen ist mit der Erwägung, gegenüber Iran nötigenfalls auch Nuklearwaffen einzusetzen. Das haben wir im Westen hingenommen wie einen Nebensatz. Schon Hiroshima und Nagasaki waren Kriegsverbrechen mit Folgen bis in die nächsten Generationen hinein.

*Bissinger:* Bush und Ahmadinedschad auf einer Stufe?

*Döpfner:* Das hielte ich für höchst gefährlich. Es ist schon ein Unterschied, wer die Atomwaffe besitzt. Ob eine Demokratie zu Verteidigungszwecken, oder ob man mit der Atomwaffe die Auslöschung eines Landes ankündigt und beabsichtigt und wie Ahmadinedschad möglicherweise sogar umsetzt. Das ist eine Bedrohung für den Weltfrieden, die so ernst zu nehmen ist wie seit vielen, vielen Jahren nichts mehr. Das dürfen wir nicht verharmlosen und schon gar nicht gleichsetzen mit einem Land, das sich in seiner Geschichte nie wirklich imperialistisch verhalten hat, sondern militärische Schläge – jeder ist einer zu viel – vor allem mit dem Ziel von Friedenssicherung ausgeführt hat. Und sobald dieses Ziel erreicht war oder halb erreicht war, sich wieder zurückzogen hat. Imperialistische Landgewinnung haben die USA nie betrieben, nicht in Deutschland, nicht auf dem Balkan und auch nicht im Nahen Osten.

*Grass:* Die USA haben mit Hilfe der CIA in andere Regierungen hineingepfuscht. Denken Sie nur an den Sturz von Allende in Chile oder an die Contras in Nicaragua. Über Jahrzehnte hinweg haben die Amerikaner mit dem Bekenntnis zur Demokratie auf den Lippen Rechtsdiktatoren unterstützt. Als wir uns in Deutschland zu Recht gegen die Militärdiktatur in Griechenland engagierten, verteidigten die Vereinigten Staaten das Obristenregime bis zum Schluss.

*Döpfner:* Nur kurz nachgefragt: Würden Sie Ahmadinedschad gewähren lassen, warten, bis er die Atombombe hat? Die Überzeugung der Amerikaner ist: Man darf nicht zaudern, man muss ein Zeichen der Stärke setzen. Wohin Appeasement führt, haben wir Ende der dreißiger Jahre gesehen.

*Grass:* Gott sei Dank gibt es innerhalb des westlichen Lagers nach wie vor – wahrscheinlich auch gewarnt durch den Irak-Krieg – Regierungen, die Verhandlungsmöglichkeiten bis zum Schluss ausreizen. Ich bin weiß Gott kein Freund dieses iranischen Regimes, im Gegenteil. Ich lehne es wie Sie ab, und ich sehe auch…

*Döpfner:* …dass der iranische Staatspräsident Atomwaffen haben will und gleichzeitig die Vernichtung Israels zum Regierungsziel erklärt.

*Grass:* Aber natürlich bin ich dagegen, Himmelherrgott – Sie bekennen sich zu Israel, ich bin auch für den Fortbestand Israels, aber ich nehme auch zur Kenntnis, dass Israel Atomwaffen hat. Und darüber spricht kein Mensch.

*Bissinger:* Die Gefahr des islamischen Fundamentalismus droht im Schlagabtausch über Ahmadinedschad unterzugehen…

*Grass:* Die islamische Welt ist groß und reicht bis Indonesien. Die Moslems, die dort leben, sind meist friedlich und äußerst moderat. Es gibt aber auch diese verrückten und fanatischen Leute, die die Sprache des Fundamentalismus sprechen. Das ist die andere Seite der muslimischen Welt. Jetzt allerdings einen Religionskrieg heraufzubeschwören, halte ich für fahrlässig. Wenn man gleich von vornherein sagt: Mit denen verhandeln wir nicht, und androht, selbst Nuklearwaffen einsetzen zu wollen, sind diplomatische Erfolge eingeschränkt.

*Döpfner:* Jedes nichtmilitärische Mittel muss ausgeschöpft werden, da stimmen wir überein. Aber ich glaube, dass man die Ultima ratio im Umgang mit diesem Regime nicht ausschließen darf, weil man sonst als zahnloser Tiger auftritt. Und ich verstehe und kann nachvollziehen, dass ein Land wie Israel, das aus einem Vernichtungstrauma heraus geschaffen worden ist und jetzt wieder mit expliziten Vernichtungsdrohungen zu tun hat – dass dieses Land sich auch mit der Atomwaffe schützen will. Eingesetzt hat es sie bisher nicht. Und wird es hoffentlich auch in Zukunft nie müssen.

*Grass:* Nur ein Nachtrag noch: Ich habe Bush nicht mit dem jetzigen Diktator des Iran verglichen. Aber sein ständiger Rückgriff auf Gott hat auf seine Weise etwas schrecklich Fundamentalistisches. Gott kann und darf nicht als Begründung herhalten.

*Döpfner:* Ich glaube, die Trennung von Staat und Religion ist eine der wichtigsten Errungenschaften von freien und modernen Gesellschaften, und deswegen ist auch mir jede Verquickung unangenehm. Aber es bleibt schon ein Unterschied, ob man etwa auf die Verletzung religiöser Gefühle mit E-Mails und Reden reagiert, oder ob man deshalb Menschen umbringt. In diesem Zusammenhang möchte ich die so genannten Mohammed-Karikaturen ansprechen. Ich habe mich da über Ihre Position, Herr Grass, sehr gewundert und würde Sie gerne verstehen. Ich habe es richtig und mutig gefunden, wie Sie sich 1989 für Salman Rushdie eingesetzt haben. Das war wichtig und couragiert. Ich habe mich um so mehr gewundert, warum der gleiche Grass heute massiv gegen die Veröffentlichung der Karikaturen zu journalistischen Zwecken argumentiert hat. Ich finde, wir dürfen nicht bei einer Religion sensibler sein als bei einer anderen. Auch christliche Religionssymbole sind immer karikiert und verhöhnt worden. Das muss eine souveräne Religion und vor allen Dingen ein von der Religion getrennter Staat aushalten und kann nicht mit Morddrohungen und sogar tatsächlichen Attentaten reagieren.

*Grass:* Ich will versuchen, den Unterschied zwischen den »Satanischen Versen« von Salman Rushdie und der leichtfertigen Veröffentlichung von Mohammed-Karikaturen klar zu machen. Rushdie kommt aus der islamischen Welt und kritisiert aus dieser Welt heraus bestimmte Vorgänge innerhalb des Islam. Er hat das Recht, es so zu machen. Was aber gibt einer dänischen Zeitung das Recht zu solcher Kritik, in Kenntnis, dass es in der islamischen Welt die Trennung zwischen Kirche und Staat nicht gibt? Aus Gründen übrigens, die Europa gut kennen müsste. Wir hatten gegenüber dem Islam den Vorteil von Renaissance und Aufklärung, über die der mühsame Weg der Trennung von Kirche und Staat vorbereitet wurde. Woher nimmt eine dänische Zeitung den Hochmut der arabischen Welt gegenüber, die darunter leidet, dass sie nie einen solchen Prozess durchlebt hat? Sie reizt in einem ohnehin gereizten Klima mit diesen übrigens miserablen Karikaturen die muslimische Welt. Das ist für mich Gratismut, das habe ich kritisiert.

*Döpfner:* Ich verstehe Sie hier nicht. Das würde ja bedeuten, dass nur Moslems Moslems kritisieren dürfen. Das kann ja nicht ernsthaft gefordert werden. Und warum ist es Hochmut, wenn wir gegenüber der islamischen Welt die Trennung von Staat und Kirche fordern und das für eine zivilisatorische Errungenschaft halten, die wir verteidigen? Ich halte es umgekehrt für gefährlich, wenn wir das relativieren. Neulich sagte einer bei einer Diskussion zu mir: Wir müssen verstehen, wenn

Muslime sich über den Karikaturenstreit so erregen, dass sie andere Leute umbringen. Ich verstehe das überhaupt nicht und will das auch nicht verstehen müssen. Und noch mal: Warum plötzlich eine andere Sensibilität mit Tabuverletzungen auf der muslimischen Seite als mit Tabuverletzungen gegenüber der jüdisch-christlichen Seite? Das will mir nicht einleuchten. Täglich gibt es verhöhnende Rabbinerkarikaturen in der internationalen Presse. Es gibt Karikaturen, die christliche Symbole oder den Papst verhöhnen; es ist fast schon ein Topos geworden im Theater, in der Oper und an vielen Stellen in der Literatur. Und zu Recht regt man sich allenfalls verbal darüber auf.

*Grass:* Wenn die Menschen aus einer muslimischen Welt bei uns einwandern, erwartet man von ihnen zu Recht, dass sie sich an unsere Gesetze halten. Zu Recht gibt es in Frankreich ein striktes Kopftuchverbot. Bei uns weiß man nicht so genau: Sollen wir, wenn wir das Kopftuch verbieten, auch die Kreuze abhängen? Konsequent wäre es. Doch wir haben nicht die Macht und sollten uns auch nicht anmaßen, in einem bedeutenden Teil der Welt, in dem es diese Liberalität nicht gibt, in dem andere Werte im Vordergrund stehen, unsere Werte durchsetzen zu wollen.

*Bissinger:* Also kein Kampf der Kulturen?

*Grass:* Wer zwischen den Kulturen erfolgreich vermitteln will, muss Kenntnis von der anderen Welt haben. In den USA, denke ich, fehlen einem Großteil der politischen Klasse diese Kenntnisse. Sie haben auch nicht den Willen, sich ehrlich in die Situation des anderen hineinzuversetzen. Und dann kommt noch die drastische Distanz zwischen dem reichen Norden und dem armen Süden hinzu.

Wir hatten mal in Deutschland – und die Welt hat das wohl zur Kenntnis genommen – einen Politiker namens Willy Brandt. Er hat im Auftrag der Vereinten Nationen den Nord-Süd-Bericht verfasst zu einem Zeitpunkt, als es noch den Ost-West-Konflikt gab. Brandt hat festgestellt: Das wird das Problem des 21. Jahrhunderts, und er hat die Gleichbehandlung der Staaten der Dritten Welt gefordert; sie sind nach wie vor in einem Abhängigenverhältnis, das durch die Globalisierung noch verstärkt worden ist, und auch daraus staut sich Hass. Der wiederum schlägt in Demagogie um wie im Iran oder in Fundamentalismus und in der nächsten Stufe dann in Terrorismus.

Aber wir sind mit beteiligt an diesem Prozess, wir haben ihn mit verursacht. Ohne bessere Kenntnis dieser Vorgänge werden wir die Zusammenhänge von Ursache und Wirkung nicht begreifen. Den Terrorismus, der mit jeder westlichen Drohung und mit jedem westlichen Schlag wächst, werden wir nur eindämmen können, wenn wir uns auf die Ideen von Willy Brandt zurückbesinnen, also die Staaten der Dritten Welt gleichbehandeln. Dann können wir auch dem Terrorismus das Wasser abgraben. Mit militärischen Schlägen ist das nicht zu erreichen. Der Irak-Krieg ist ein schreckliches Beispiel dafür.

*Döpfner:* Ich glaube, dass Kenntnisse und Sensibilität im Umgang mit anderen Kulturen zwingend sind. Ich glaube aber auch, dass Kompromisse, Entgegenkommen leider, leider nicht zur Lösung der Probleme im Verhältnis zu totalitären Regimes und Diktatoren beitragen, weil sie auf den Denkgesetzen unserer westlichen, humanistischen Gesellschaftsbilder basieren. Wenn bei uns eine Konzession gemacht wird, antworten wir mit einer Konzession, um einen Kompromiss zu erreichen. In antidemokratischen, fundamentalistischen Systemen wird eine Konzession als Zeichen der Schwäche interpretiert.

*Grass:* Erklären Sie mir bitte, warum die Vereinigten Staaten – und wir immer im Trott hinterher – über Jahrzehnte hinweg Rechtsdiktatoren unterstützt haben, nur weil die antikommunistisch waren.

*Döpfner:* Den einen Fehler mit dem anderen zu entschuldigen oder zu relativieren ist eine Rhetorik, der ich mich nicht anschließe. Natürlich hat es Fehler gegeben, ohne jede Frage. Aber deswegen muss man sie doch nicht wiederholen.

*Grass:* Wie sollen wir Glaubwürdigkeit aufrecht erhalten, wenn die USA rechtsradikale Söldnertruppen stützen, um Regierungen zu stürzen? Kein Wunder, wenn die USA Saudi-Arabien nicht auffordern, die Demokratie einzuführen.

*Döpfner:* Ich will nichts schönreden. Gerade in der Außenpolitik geht es um Interessen und nicht um Idealismus und Moral in der reinen Form. Aber es ist kein überzeugendes Argument, zu sagen, solange in Saudi-Arabien oder in Nordkorea oder hier oder da nicht auch die Demokratie eingeführt worden ist, wirke das Engagement für Demokratie, Menschenrechte und Marktwirtschaft anderswo nicht überzeugend. Können wir uns darauf einigen, dass es erfreulich ist, wenn im Irak heute freie Wahlen stattfinden, dass uns Häme nicht weiterhilft und dass wir alle ein Interesse daran haben, dass es im Iran nicht zur Eskalation kommt?

*Grass:* Ich stimme Ihnen zu. Nichts ist dem gebeutelten Irak mehr zu wünschen, als dass sich die Demokratie durchsetzt – und zwar nach deren eigenem Verständnis; das wird sich nie mit dem decken, was wir im Westen unter Demokratie verstehen. Und natürlich, dass das wechselseitige Morden aufhört. Wechselseitig heißt: Der Terrorismus auf der einen Seite und auf der anderen Seite, auch die Art und Weise, wie die Vereinigten Staaten mit Militärschlägen darauf reagieren. Es ist für mich beschämend, wie wir im Westen Tote zählen. Wie genau wir die schreckliche Zahl der Toten des 11. September kennen; dass wir genau wissen, wie viele Soldaten aus den Vereinigten Staaten im Irak mittlerweile gefallen sind. Jeden Tag erfahren wir, wie durch Militärschläge neben den Terroristen soundso viele Zivilisten zu Tode gekommen sind, auch Kinder und Frauen. Wir sprechen dann von Kollateralschäden.

*Döpfner:* Ein furchtbares Wort.

*Grass:* Es macht uns moralisch unglaubwürdig, mit welcher Arroganz wir den eigenen body count betreiben und von der anderen Seite als einer nur grob schätzbaren Zahl reden. Das geht nicht. Was ich im Übrigen kritisch den Vereinigten Staaten gegenüber äußere – und da bin ich mir auch mit amerikanischen Kollegen einig –, ist doch ein Freundschaftsdienst den USA gegenüber.

Warnen möchte ich aber noch davor, dass die Freiheitsrechte in den USA selbst immer mehr abgebaut werden. Wir müssen aufpassen, dass das nicht auf uns übergreift. Dass wir aus berechtigter Sorge und in Abwehr des Terrorismus zu einem System kommen, in dem der Bürger nur ein verdächtiges Individuum ist, das möglichst präzise überwacht werden muss.

*Döpfner:* Die berechtigte Kritik an Details darf nicht zu einem pauschalen Ressentiment werden.

*Grass:* Reden Sie jetzt von mir?

*Döpfner:* Das war zunächst ganz allgemein gesagt. Aber Sie haben Recht, mit Ihrer Rede vor dem PEN-Kongress haben Sie dazu beigetragen, in bestimmten Milieus ein wohliges Gefühl der Empörung über das gemeinsame Feindbild zu erzeugen. Ich bin davon überzeugt, dass es das falsche Feindbild ist. Wir müssen aufpassen, dass wir mit der Kritik nicht die falschen Konsequenzen ziehen, die dann heißen: faule Kompromisse, Anpassung, Appeasement.

*Grass:* Ich bin kein Pazifist. Ich bin in der Tat der Meinung, dass, wenn die Verhandlung am Ende ist, dann auch mit militärischer Gewalt so etwas wie die Vorstufe zu einem Frieden erreicht werden kann.

*Bissinger:* War das im Kosovo der Fall?

*Grass:* Ich bedaure heute, dass ich damals Ja dazu gesagt habe. Denn so wie der Einsatz dort geführt wurde, war es auf jeden Fall ein Versagen Europas. Als es aus dem Ruder lief, haben wir die Amerikaner mit ins Boot geholt. Und was wir dann erlebten, war eben nicht der gezielte militärische Einsatz gegen die Übergriffe der Serben im Kosovo, sondern eine Bombardierung Serbiens mit ferngesteuerten Waffen, die danebentrafen und Tausende von Zivilisten töteten, die nichts mit dem Kampfgeschehen zu tun hatten. Kosovo ist nach wie vor ein ungesichertes Land und Serbien völlig unfähig, verletzt durch die Militärschläge einerseits, isoliert durch seine Politik andererseits. Also, es ist damit nichts erreicht worden, was mich zur Selbstkritik veranlasst. Ich hätte bei meiner Zustimmung für den Waffengang eigentlich wissen müssen, dass es mit einem amerikanischen Oberkommando und dessen Unkenntnis der Gegebenheiten vor Ort danebengeht.

*Döpfner:* Wenn Sie die Entwicklung auf dem Balkan insgesamt nehmen, insbesondere die erste Phase, dann bleibt es ein Skandal, dass sich Europa nicht auf eine gemeinsame Position und Vorgehensweise einigen konnte und am Ende nur die Amerikaner bereit und in der Lage waren, diesen Völkermord zu beenden. Hinterher kann man schön kritisieren, was die Amerikaner noch hätten besser machen können, das wirkt nicht besonders glaubwürdig, wenn man selbst gar nix zustande gebracht hat.

*Grass:* Aber entschuldigen Sie! Das ist einfach falsche Politik. Den guten Willen will ich nicht abstreiten.

*Döpfner:* Wer zu gestalten versucht, macht natürlich Fehler. Und das ist – Entschuldigung – ähnlich auch im Irak. Natürlich ist die Situation dort nicht befriedigend. Aber früher sind unter Saddam Hussein 300 000 Menschen gefoltert und getötet worden, vermutlich sogar mehr. Keiner regte sich darüber auf, denn es konnte nicht darüber berichtet werden. Es gab keine freie Presse, die es sich erlauben konnte, diese Dinge anzuprangern. Heute kann darüber berichtet, das Ausmaß der Grausamkeit dokumentiert werden. Allein das ist schon eine große Verbesserung. Nicht befriedigend, nicht ausreichend, aber es ist schon ein Fortschritt. Und analog sehe ich das auch auf dem Balkan so. Selbstredend hätte man ex post alles besser machen können. Aber da muss man aufpassen, dass man nicht zum Schreibtischstrategen wird.

*Grass:* Aber das sind doch blutende Wunden, ob auf dem Balkan oder im Irak, die können wir uns doch nicht schönreden. Immer vorausgesetzt – und das dürfen Sie bei mir voraussetzen –, dass ich mir den Erfolg der einen wie der anderen Bemühung wünsche. Sie haben doch anfangs gesagt, wir sollten kein harmonisierendes Gespräch führen, deshalb wollen wir auch das nicht harmonisieren. Ich sehe für mich als Schriftsteller, als Bürger die Pflicht, den Finger in die Wunde zu legen, auch wenn es weh tut.

*Döpfner:* Wenn Sie noch mal geboren würden und hätten die Möglichkeit, ein einflussreicher und die Welt verändernder Politiker zu werden, würden Sie das lieber sein als Schriftsteller?

*Grass:* Nein. Ich bin in der Nazizeit aufgewachsen, verblendet, bis alles in Scherben fiel und bis zum Schluss an den Endsieg glaubend. Ich bin ein gebranntes Kind und habe meine Konsequenzen gezogen und einen künstlerischen Beruf ergriffen. Und doch will ich notwendige Fragen stellen als Bürger, der sich schützend vor diesen Staat stellt. Das ist mein politisches Engagement.

*Bissinger:* Ihr Engagement, Herr Döpfner, entspringt das auch Ihrem Bürgersinn?

*Döpfner:* Mit Sicherheit nicht meinem Politikersinn, Journalismus ist mir lieber. Ich fürchte, das Bürgertum ist nur noch in verschüchterten Restbeständen vorhanden. Und es müsste sich dringend neu definieren. Die erste Schlagzeile der BILD am SONNTAG über Günter Grass lautete übrigens: »Der Bürger und sein Schreck«.

*Bissinger:* Eine kräftige Zeile. Bevor wir in die 68er-Auseinandersetzung einsteigen, noch eine klärende Frage: Herr Döpfner, sind Sie Patriot?

*Döpfner:* Ich vermute, ich bin es weniger als Günter Grass. Eine absurde, unfreiwillige Ironie, möglicherweise. Der Begriff Patriotismus erlebt ja im Moment eine rasante Renaissance. Aber Fahnen- und Fußballfröhlichkeit machen noch keinen Patriotismus. Ich kann und will den Begriff so nicht annehmen. Patriotismus sollte man praktizieren, aber nicht darüber schwadronieren. Da klingt immer noch ein Scheppern im Ohr.

*Bissinger:* Und Sie, Herr Grass?

*Grass:* Ich bin ausgesprochener Patriot. Der Philosoph Jürgen Habermas hat den leider nicht populären, aber für mich sehr brauchbaren Begriff des Verfassungspatrioten geprägt, der gelegentlich in den Feuilletons lächerlich gemacht wird. Unsere Verfassung, so beschädigt sie mittlerweile ist, ist ein Juwel. So etwas haben wir in Deutschland noch nie gehabt. Die Hypotheken, die wir nach dem Krieg mittlerweile in die dritte Generation hineintragen – das Stichwort Holocaust ist genannt –, müssen bewusst in die nächsten Generationen getragen werden. Das ist eine nationale Aufgabe. Die können wir weder nach Europa noch an die Globalisierung delegieren, das müssen wir in Deutschland leisten. Und wer das tut, der handelt als Patriot.

*Döpfner:* Das sind große Worte. Wissen Sie, der Verfassungspatriotismus und der Sprachpatriotismus, der literarische Patriotismus eines Thomas Mann – das ist natürlich sehr leicht anzunehmen, da empfinde auch ich so etwas wie Heimat. Aber: Darin erschöpft sich die Sache nicht. Mit der Flucht in diese Begriffe machen wir es uns zu einfach. Die Deutschen schwanken zwischen verklemmtem Selbsthass und provinziellem Nationalismus. Aber beim Patriotismus fehlt uns noch die Leichtigkeit. Vielleicht ist die Verkorkstheit der Deutschen im Umgang mit ihrem eigenen Land und mit diesen Gefühlen aus historisch sehr erklärbaren Gründen auch eines der Probleme, warum wir Deutschen immer noch in besonderer Weise unberechenbar sind.

*Bissinger:* Unberechenbar?

*Döpfner:* Ich bin der Meinung, Deutschland hat historisch seine Bewährungsprobe noch nicht bestanden. Vieles hat sich in den letzten fünfzig Jahren in die richtige Richtung entwickelt, und vieles spricht auch dafür, dass wir ein anderes Volk geworden sind. Aber für mich ist der Beweis, ob Deutschland wirklich freiheitsfähig ist im umfassendsten Sinne, noch nicht erbracht. Deswegen bin ich etwas vorsichtig, was nicht ausschließt, dass ich mich für dieses Land engagiere. Ich glaube, Kritik an einem Land ist auch eine Form von Liebe.

*Grass:* Absolut.

*Bissinger:* Herr Grass, eine überraschende Aussage: Die Deutschen haben ihre Bewährungsprobe noch nicht bestanden.

*Grass:* Wir sind nach wie vor – zwar fortgeschritten – eine Schul-Demokratie. Wir haben Leistung erbracht. Das Wirtschaftswunder, sicher, aber die größte Anstrengung waren die 14 Millionen Flüchtlinge. Sie sind nicht in Lagern gehalten, sondern integriert worden und waren damit der Motor des Wirtschaftswunders. Die Gefährdungen kamen, weil wir uns auf dem neu geschaffenen Wohlstand ausgeruht haben. Unser Erfolgsrezept nach dem Krieg war, den Kapitalismus zu zügeln, da waren sich sogar SPD und CDU einig.

Heute droht das zu bröckeln. Stichworte sind die schon erwähnte Industrielobby oder das großmäulige und widerliche Verhalten der oberen Etagen, der Banken, die einfach absahnen, um im Jargon der BILD-Zeitung zu formulieren. Das ist grauenhafter, ungezügelter Kapitalismus.

*Döpfner:* O je. Das Problem unserer schwindenden wirtschaftlichen Erfolge ist nicht ungezügelter Kapitalismus, sondern dass wir ein immer verklemmteres, negativeres Verhältnis zum Kapitalismus entwickeln. Dass wir – Stichwort Freiheitsfähigkeit – dem Kapitalismus und uns selbst nicht trauen und deswegen immer versuchen, ihn und uns selbst an die Zügel zu nehmen.

*Bissinger:* Helmut Schmidt hat vom Kapitalismus als entfesseltem Raubtier gesprochen.

*Döpfner:* Der Kapitalismus in Deutschland ist eine fett und träge gewordene Hauskatze. Herr Grass, wenn wir uns die Wirklichkeit in Deutschland angucken und vergleichen sie mit erfolgreich deregulierten Gesellschaften wie Australien oder Kanada, dann frage ich mich, warum wir das immer noch so ideologisch betrachten. Warum vergleichen wir nicht einfach die Erfolgsmodelle, in Europa etwa Irland und England, mit den

Misserfolgsmodellen, etwa Frankreich und Deutschland? Dort geht die ohnehin schon niedrige Arbeitslosigkeit runter, hier die hohe rauf. Dort steigt das Nettoeinkommen der privaten Haushalte, hier sinkt es. Dort ist Wachstum, hier Stagnation. Fragen Sie mal die Menschen, wo es ihnen besser geht. In Deutschland erhalten mehr als 41 Prozent der Wahlberechtigten ihre Bezüge überwiegend vom Staat. Das ist doch absurd. Wir können es ruhig zuspitzen: Bei uns kauft sich der Staat seine Wähler, wir erleben es gerade wieder mit der neuen Bundesregierung. Das Problem ist nur: Regierungen schaffen keine Arbeitsplätze.

*Grass:* Erklären Sie mal den Leuten, die heute arbeitslos sind, warum gerade jetzt wieder die Gewinne explodieren und für die Menschen kein Mehrwert geschaffen wird. Da schluckt eine Firma die andere, um Leute zu entlassen. Dafür soll ich den Kapitalismus lieben? Ich mache mir eher Sorgen um den Kapitalismus. Als Sozialdemokrat würde ich meine Partei auffordern, den Kapitalismus zu retten, denn wir haben leider nur noch diese eine Möglichkeit. Der Sozialismus kommunistischer Prägung hat völlig versagt, das wissen wir; der Kapitalismus ist übrig geblieben. Den müssen wir jetzt zivilisieren. Das hat Helmut Schmidt gemeint, und der ist ja weiß Gott kein Linker.

*Döpfner:* Also, die Aktion »Rettet den Kapitalismus« können wir uns gemeinsam auf die Fahne schreiben. Wir werden uns nur nicht über die richtigen Methoden einigen. Wenn das bedeutet, dass man hierzulande nichts Wichtigeres zu tun hat, als sich am Gehalt von Herrn Ackermann abzuarbeiten, dann kann ich nur sagen: Gute Nacht, Deutschland! Natürlich gibt es auch in dem einen oder anderen Unternehmen schwarze Schafe. Die aber gibt's auch unter Journalisten und Schriftstellern.

*Grass:* In der Tat.

*Döpfner:* Mit der pauschalen Herabwürdigung der Unternehmer und Manager erreichen wir nichts. Wir müssen uns fragen: Welche Bedingungen sollen wir schaffen, damit Unternehmen in Deutschland wachsen und Arbeitsplätze entstehen. Das geht doch nicht, indem wir den Kapitalismus noch mehr an die Leine nehmen und ihn regulieren, sondern nur, wenn wir ihm Freiheit zur Entfaltung lassen, beispielsweise indem wir die Steuern senken. Nicht so sehr die Unternehmenssteuern, darum geht es mir gar nicht, sondern die Steuern der Verbraucher. Früher gab es Revolutionen, weil man den Bauern ihren Zehnten nahm, das war ein Spitzensteuersatz von 10 Prozent. Heute sind wir bald bei rund 50 Prozent. Aber die Bürger lassen sich diese Enteignung durch die Umverteilungsmaschine Staat gefallen. Wenn die Menschen mehr Geld zur Verfügung haben, kaufen und konsumieren sie mehr. Das stimuliert den Wirtschaftskreislauf, das ermöglicht Wachstum. Wenn ich allerdings den Leuten immer mehr wegnehme und immer mehr reguliere und es den Staat verteilen lasse, tue ich zwar vermeintlich Gutes, weil ich Menschen davor bewahre, in persönliche Armut zu fallen, aber ich schaffe immer mehr Leute, die der Hilfe des Staates bedürfen. Das ist der Kreislauf, den wir zu korrigieren haben.

*Bissinger:* Sie haben noch gar nicht über eine entscheidende Voraussetzung einer prosperierenden Wirtschaft gesprochen: Bildung und Ausbildung.

*Grass:* Wir sehen, wie unser Schulsystem in Deutschland das Land in den pädagogischen Wahn getrieben hat. Wir haben mal die besten Pädagogen hervorgebracht, wir wurden geleitet von Humboldt und Pestalozzi. Immer waren wir um eine gute Bildung bemüht, und jetzt sind wir plötzlich Schlusslicht. Stichwort Pisa-Studie. Aber: Bildung kostet Geld. Das ist nicht über Privatschulen zu machen. Der Staat muss in der Lage sein, das Bildungssystem so zu entwickeln, dass die breite Bevölkerung daran partizipieren kann. Dafür braucht er Steuern.

*Döpfner:* Absolut einverstanden. Bildung ist eine der höchsten Prioritäten des Staates.

*Grass:* Es gab und gibt unsinnige ideologische Widerstände. Was hat man nur alles gegen die Gesamtschulen ins Feld geführt. In skandinavischen Ländern und auch in England, überall sind sie eine Erfolgsgeschichte.

*Döpfner:* Exzellenz in der Bildung ist die wichtigste Voraussetzung für eine erfolgreiche Gesellschaft. Wichtig sind dabei Leistungsbewusstsein und Eliteorientierung. Wobei Elite nicht durch soziale Herkunft bestimmt sein darf, sondern nur durch Leistung. Keine Aristokratie, sondern Meritokratie. Bei uns aber ist Elite pauschal diskreditiert worden. Bei der Ausbildung richtete man sich nach den Schwächsten, was den Schwächsten nicht genützt, der Begabtenförderung aber geschadet hat. Jetzt stehen wir vor dem Scherbenhaufen dieser verfehlten Politik. Und die Gesamtschule gehört dazu, nun wirklich keine Erfolgsgeschichte...

*Grass:* ...natürlich nicht, weil sie dauernd behindert worden ist. Weil sie immer nur im Ausnahmezustand leben musste und ideologisch bekämpft wurde. Mittlerweile wächst durch die Pisa-Studie die Einsicht, dass wir vom dreigliedrigen Schulsystem wegkommen sollten. Anders als in meinen jungen Jahren, wo wir zu viel Staat heftig ablehnten, glaube ich inzwischen, dass wir heute zu wenig Staat haben. Wenn die Föderalismusreform kommt – und es sieht alles danach aus – und dann auf Druck von Bayern und Baden-Württemberg im Kulturbereich, im Bildungsbereich der Bund noch mehr entmachtet wird, also fast alles nur noch bei den Ländern liegt, werden wir mit weiteren gravierenden Unterschieden im Bildungssystem zu rechnen haben und als Folge eine Provinzialisierung ohnegleichen erleben. Wir rennen da aus reinem Länder-Egoismus in eine Sackgasse. Ich bin ein Befürworter des föderalistischen Systems. Aber das schlägt mittlerweile in Separatismus, ins andere Extrem um, wenn sich der Eigennutz der Länder durchsetzt und der Bundesstaat entmachtet wird.

*Döpfner:* Wir haben zu wenig gute, von Überzeugungen getragene Politik, aber einen zu viel von Funktionärs-Interessen und Zwangsbeglückungs-Ideen geprägten Staat. Der Staat muss aufhören, sich selbst sanieren zu wollen, indem er die Einnahmenseite zu Lasten der Bürger optimiert und noch mehr umverteilt. Der Staat muss seine Aufgabe neu definieren. Was sind die Kernaufgaben des Staates? Das ist ganz zweifellos an vorderster Stelle neben Sicherheit die Bildung, da stimme ich Ihnen zu. Dafür braucht der Staat Geld, denn das können sie nicht allein über den privaten Sektor regeln. Aber damit er sich auf diese Aufgaben mit Priorität und Qualität konzentrieren kann, soll er andere Dinge, die er nicht regulieren muss, aufgeben und dem freien Spiel der Kräfte überlassen.

*Bissinger:* Sie, Herr Döpfner, haben diesen Dialog angeregt. Günter Grass gehörte zu den Initiatoren eines Schriftsteller- und Intellektuellenaufrufs, die Springer-Zeitungen konsequent zu boykottieren. Er hat das für sich bald vierzig Jahre durchgehalten. Anlass für ihn waren damals Attacken auf seinen Kollegen Heinrich Böll, der Springers BILD im SPIEGEL »faschistisch« nannte und darauf von Springer-Blättern zum Freiwild erklärt wurde. Als Günter Grass ihm beisprang, geriet er selbst ins Fadenkreuz: »Der Dichter mit der Dreckschleuder« war eine der harmloseren Beschimpfungen. Inzwischen ist viel passiert, wollen Sie jetzt Burgfrieden schließen?

*Döpfner:* Burgfrieden, das klingt für mich nach faulem Kompromiss, so als müssten wir ganz viel runterschlucken. Dafür sind wir beide nicht geeignet. Aber einen offenen Dialog: Wo kommt es her, was hat dazu geführt? Und vielleicht: Was können wir daraus lernen? Das wäre hilfreich. Ich meine, wenn man sich die Eskalation der Vergangenheit aus der heutigen Perspektive ansieht, ist vieles wirklich nur noch schwer verständlich, und zwar nicht nur für Menschen meiner Generation. Ich bin Jahrgang 1963, war, als Böll Anfang 1972 den berühmten SPIEGEL-Artikel geschrieben hat, neun Jahre alt und habe mich mit Mäusezucht und Mädchen beschäftigt, aber nicht mit politischen Debatten; ich kenne sie also nur aus den Akten, aus der historischen Vermittlung heraus. Wie konnte es zu diesen Zuspitzungen kommen? Da ist ja wirklich auf beiden Seiten mit einer Emotionalität und Radikalität ausgeteilt worden, dass man sich fragt: Was wollten die Intellektuellen damals, was die Studenten, und was wollte Axel Springer? Als sein Interpret allerdings bin ich denkbar ungeeignet, denn ich habe ihn nie kennen gelernt. Anders als Günter Grass.

*Grass:* Ich traf ihn 1965. Ich war 1961 aus Paris zurückgekommen, wo die »Blechtrommel« entstand. Willy Brandt amtierte als Regierender Bürgermeister in Berlin. Die Mauer wurde im August errichtet, im September waren Bundestagswahlen. Brandt ging als Kanzlerkandidat der SPD ins Rennen und hatte damit zu tun, die Studenten der Freien Universität abzuhalten, die Mauer zu erstürmen – es hätte Tote gegeben. Damals hielt Konrad Adenauer seine berüchtigte Regensburger Rede, in der er Brandt seine uneheliche Herkunft anlastete und ihn als Emigranten und quasi Vaterlandsverräter darstellte. Diese nicht zu verzeihende Diffamierung wurde in der Presse wie ein Kavaliersdelikt wahrgenommen. Mich hat sie dazu gebracht – ich galt allgemein als unpolitisch oder als Anarchist unter den Schriftstellern –, Brandt einige Male als Redenschreiber zu helfen. Vier Jahre später dann wollte ich auf eigene Faust Wahlkampf machen und hatte Sorge, dass ich, wenn ich damit anfinge, ins Feuilleton abgeschoben werden würde. Ich wollte aber im politischen Teil stehen.

*Bissinger:* Und da sollte Ihnen Axel Springer helfen?

*Grass:* Auf einem Flug nach Amerika saß ich mit einem Springer-Journalisten zusammen und sprach mit ihm über meine Sorge. Der sagte nur: »Sie sollten an Springer, der ist auch ein eitler Mensch, einen persönlichen Brief schreiben, vielleicht reagiert er darauf.« Da habe ich ihm aus Amerika einen handgeschriebenen Brief geschickt, und als ich zurückkam, lag eine Einladung vor. Ich flog nach Hamburg; er saß ganz oben im Verlag, hatte Richtung Osten eine große Fensterfront. Wenn er sprach, zeigte er aus dem Fenster. Wir waren uns in einer Sache einig: dass es zur Wiedervereinigung kommen würde. Die Teilung Deutschlands war nicht haltbar, auch die Mauer nicht. Springer hatte für mich etwas Don Quichotte-haftes. Was ja auch eine liebenswerte Figur ist.

*Bissinger:* Mindestens eine gute Voraussetzung dafür, ihn für Ihr Projekt zu gewinnen?

*Grass:* Er wollte wissen, was ich von ihm erwarte. Ich erzählte ihm: »Ich habe vor, für die Sozialdemokraten Wahlkampf zu machen; ich weiß, Sie sind dagegen, Sie können das auch gerne verreißen, aber bitte nicht im Feuilleton, sondern im politischen Teil.« Und dann sagte er: »Sie überschätzen mich, ich habe auf meine Redakteure keinen Einfluss.« Da habe ich ihm geschmeichelt: »Herr Springer, Ihr Verlag, die Zeitungen, sind Sie. Sie wollen mir doch nicht erzählen, dass Sie keinen Einfluss auf Ihre Redakteure haben.« Beim Abschied sagte er dann: »Ich will sehen, was ich für Sie tun kann.« Meine erste Veranstaltung zusammen mit Karl Schiller war in Hamburg, und die Besprechung stand im politischen Teil der WELT.

*Bissinger:* Sie waren also erfolgreich bei Springer.

*Grass:* Im Nachhinein habe ich mir vorgeworfen, dass ich später keinen nachhaltigen Versuch gemacht habe, mit ihm ins Gespräch über die 68er zu kommen. Zwar habe ich ihm vorzeitig, im Oktober 1966, ein »Kursbuch« im aufklärenden Sinne übergeben, und später habe ich mit anderen versucht, zwischen den Fronten auszugleichen. Wenn Springer bei diesen Gesprächen dabeigewesen wäre, hätte das vielleicht Wirkung auf seine Leute gehabt und darauf, die Auseinandersetzung, die dann zu Toten führte, nicht eskalieren zu lassen.

*Döpfner:* Halten Sie es eigentlich heute, nach allem, was passiert ist, für möglich, dass Sie Axel Springer Unrecht getan haben?

*Grass:* Ich habe Springer nie persönlich angegriffen. Ich habe mich gegen den Missbrauch seiner Pressemacht gewehrt.

*Döpfner:* Das hat er aber damals, glaube ich, anders empfunden. Ich kann Springer nur aus dem Gelesenen interpretieren. Manchmal hatte ich das Gefühl: Da wollten zwei Kräfte in der Gesellschaft eigentlich vergleichsweise Ähnliches: nie wieder Krieg, nie wieder Diktatur, nie wieder Rassismus. Aber sie haben sich aufs Wüsteste in die Haare gekriegt. Das ist für mich nach wie vor ein Phänomen, das ich ergründen möchte, weil die Eskalationen auf unterschiedliche Weise bis heute diesem Land und unserem Haus geschadet haben.

*Bissinger:* Bis heute geschadet?

*Döpfner:* Keine Frage, bis heute. Durch Fehlwahrnehmungen und Fehlentwicklungen in der Bundesrepublik. Durch die damalige Wagenburg- und Bunkermentalität in unserem Verlag. Und durch Klischees, die bis heute wirken. Es gab Vorwürfe, die grotesk sind. Axel Springer als Faschisten zu bezeichnen, ist einfach zutiefst ungerecht. Er war Antifaschist.

*Grass:* Ich stand zwischen den Fronten. Ich habe auf der einen Seite den Protest der jungen Generation begrüßt, weil Tiefschlaf im Land herrschte. Wenn an den Unis gestreikt wurde, ging es um besseres Mensa-Essen und nie um Politik. Dann startete die Protestbewegung in Berkeley und zog über Holland nach Berlin. Interessanterweise an die Freie Universität, eine Campus-Universität nach amerikanischem Muster.

*Bissinger:* Dann kam es zur Eskalation…

*Grass:* …ein Student wurde ermordet. Ich arbeitete damals mit Kurt Sontheimer, Günter Gaus und Arnulf Baring an der Vorbereitung der Sozialdemokratischen Wählerinitiative. Wir haben versucht, mit dem Bischof Scharf zu beschwichtigen. Wir hatten die Hassgesänge auf beiden Seiten, links Rudi Dutschke, der auf seine Art und Weise Fanatiker war, und rechts die Springer-Zeitungen. Der Unterschied war: auf der einen Seite junge Leute und auf der anderen Seite erwachsene Journalisten, die Verantwortung kannten und doch keinen kühlen Kopf bewahrten. Die dazu beigetragen haben, dass sich beide Seiten immer weiter hochschaukelten. Natürlich unter Duldung der Leitung des Hauses. Dafür trägt Axel Springer Verantwortung.

*Bissinger:* Haben Sie sich deshalb so vehement für Heinrich Böll engagiert?

*Grass:* Ich bin mit ihm nicht immer einer Meinung gewesen. Seine Forderung »Freies Geleit für Ulrike Meinhof« entsprach nicht meiner Auffassung. Wir waren deshalb aber keine Feinde. Was »ihr« daraus gemacht habt, ich sage es zu Ihnen jetzt bewusst im Plural, war eine Schande. Die Springer-Zeitungen haben sich bis heute nicht bei der Familie – die Kinder leben noch – entschuldigt für das, was sie Heinrich Böll angetan haben.

*Bissinger:* Böll war nicht der einzige »Feind« des Hauses Springer, Sie gehörten mindestens ebenso dazu.

*Grass:* Ich habe vergleichbare Angriffe erlebt, doch ich habe ein anderes Gemüt und ich weiß mich zu wehren. Was das Springer-Haus mit Böll angestellt hat, ist eine Schande für Ihre Zeitungen. Ich möchte Sie eigentlich bitten, lieber Herr Döpfner, doch die Größe aufzubringen, sich in aller Form und deutlich lesbar an exponierter Stelle zu entschuldigen.

*Döpfner:* Herr Grass, wenn man die frühen 68er-Schlüsseltexte liest, dann kann ich nur sagen, eine Entschuldigung müsste dort anfangen, und wenn ich mir ansehe, was damals Böll im SPIEGEL geschrieben hat, dann ist das natürlich ganz schwer erträglich. Axel Springer ist dort mit den Adjektiven faschistisch und präfaschistisch in Verbindung gebracht worden. Dann die zwei oder drei Mal auftauchende Sprachfigur von den Gräten des Karpfens, an denen er sich verschlucken möge, die ihm im Halse stecken bleiben mögen. Das kann man als indirekten Todeswunsch interpretieren. Ich habe mir sagen lassen, dass Axel Springer es auch so interpretiert hat und dass er bis zum Schluss gerade unter dieser Drohung am meisten gelitten hat. Er hat gesagt: »Ich habe viele Morddrohungen und Todeswünsche in meinem Leben erhalten, aber dieser hat mich am allermeisten geängstigt und ging mir am nächsten.«

*Bissinger:* Um so notwendiger ist es, die Auseinandersetzung aufzuarbeiten.

*Döpfner:* Es ist wichtig, dass wir uns mit diesem Kapitel deutscher Geschichte und deutscher Pressegeschichte auseinandersetzen, dass man es sehr gründlich aufzuarbeiten und zu dokumentieren versucht. Unser Haus hat ein Interesse daran, dass das geschieht. Ebenso, dass wir über die eigenen Fehler, die in der damaligen Zeit gemacht worden sind, offen und selbstkritisch sprechen. Das ist kein Zeichen von Schwäche, sondern ein Zeichen von Souveränität. Es gilt zu ergründen: Warum ist unser Haus damals in so eine Bunker- und Barrikadenmentalität hineingetrieben worden und hat zeitweise sogar das gefährdet, was die Grundlage für guten Journalismus ist, nämlich Pluralismus und Offenheit der Meinungen, auch Selbstkritik? Und warum haben gebildete Menschen, Studenten, damals in so verblendeter Weise agiert? Götz Aly hat das in einem Essay beschrieben: »Die deutschen 68er waren ihren Eltern auf elende Weise ähnlich.«

*Bissinger:* Ist es vorstellbar, dass Sie – wie andere Unternehmen auch – einen Historiker beschäftigen, der ein gültiges Dokument über die strittige Zeit vorlegt? Dem Ihr Archiv zur Verfügung steht, auch die Briefwechsel und Dokumente?

*Döpfner:* Wir haben soeben ein Buch über Axel Springer herausgebracht, in dem Beiträge gerade auch kritischer Zeitgenossen wie Egon Bahr, Otto Schily und Sten Nadolny veröffentlicht sind. Wir haben vor einiger Zeit einen Kongress über die 68er-Bewegung in unserem Haus gehabt. Und ich darf Ihnen verraten, dass der Historiker Hans-Peter Schwarz an einer kritischen Biografie Axel Springers arbeitet.

*Bissinger:* Die 68er-Jahre liegen Jahrzehnte zurück. Was wird von ihnen bleiben?

*Döpfner:* Aus heutiger Sicht betrachtet ergibt sich eine fast kuriose Diagnose. Historisch Recht gehabt hat in den meisten Punkten Axel Springer. Die Wiedervereinigung ist in friedlicher Weise erreicht worden, und von neuem Nationalismus keine Spur. Der Kommunismus ist zusammengebrochen, und es hat sich gezeigt, dass er kein System ist, das den Menschen Heil bringt. Berlin ist die deutsche Hauptstadt. – Die erfolgreichere Kampagne aber war die der anderen, denn sie hat bis heute die Wahrnehmung der Wirklichkeit stärker geprägt als das, was die Blätter aus Axel Springers Verlag damals propagiert haben.

Herr Grass, in gewisser Weise könnte man sagen: Der Zeitgeist sind Sie! Das, wofür Sie seit Jahrzehnten stehen, ist heute Zeitgeist, ist in weite Teile der bürgerlichen Gesellschaft eingedrungen. Es ist sozusagen Establishment.

*Grass:* Sie reden von den zwei Lagern. Sie unterschlagen oder sehen nicht – und das war damals auch der

Fall –, dass es von Anfang an zwischen beiden Fronten einzelne Personen gab, zu denen ich mich zähle. Sie vergessen, dass es Rudi Dutschke war, der mich zum Feind Nummer eins ausgerufen hat, weil ich mich zwar für den Studentenprotest, aber gegen die pseudorevolutionären Ziele ausgesprochen habe. Diese mittlere Position ist von Ihren Zeitungen nie wahrgenommen worden. Zu dieser Mitte zählte auch Gustav Heinemann, der nach dem Mordanschlag auf Rudi Dutschke den berühmten Fingerzeig gemacht hat. Wenn man auf jemanden zeigt, dann weisen immer drei Finger auf einen zurück. Eine Ermahnung, bei uns selbst nach den Gründen zu suchen: Wie konnte es nur dazu kommen? Diese Stimmen hat es gegeben. Auch dass Leute wie Jürgen Trittin und Joschka Fischer, die zu den 68ern gehörten, sich zu Bürgern gemausert und politische Verantwortung übernommen haben, ist ein Erfolg ohnegleichen und hätte eher Zustimmung verdient. Aber passiert ist das Gegenteil in Ihren Blättern. Sie sind festgenagelt worden als unfähig und untragbar in politischen Positionen. Das zeigt mir doch, dass der Geist von 68 weiter verfolgt wird.

*Döpfner:* Verfolgt wird gar nichts. Und kritisiert, mal laut, mal leise, wird hoffentlich schlechte, für dieses Land schädliche Politik. Mal trifft das ehemalige 68er, mal ehemalige DDR-Bürger, mal geschieht es zu Recht, mal zu Unrecht. Fehler werden auf allen Seiten gemacht. Wir sollten mit den Verschwörungstheorien aufhören.

*Grass:* Wechselseitig. Also, das Denken in Blöcken – hier die Springer-Zeitungen, dort die Studenten – bringt uns nicht weiter. Die Veränderung der Gesellschaft hin zu Bürgerbewusstsein, zu Verantwortung, das ist letztendlich den 68ern zu verdanken, die das Block-Denken überwinden wollten.

*Döpfner:* Es ist qua Beruf die Aufgabe von Journalisten zu differenzieren. Aber: Ist es nicht umgekehrt auch an der Zeit, dass sich die Intellektuellen, wenn man das mal so pauschal fassen will, einer selbstkritischen Revision unterziehen sollten: Was ist damals falsch gelaufen? Wo ist die kritische Auseinandersetzung mit den Beziehungen der 68er zur DDR und zur Stasi? Wann reden wir wirklich Klartext über die Verharmlosung der Terroristen, die von Mielkes und Wolfs Leuten unterstützt wurden? Wann denkt einmal jemand selbstkritisch darüber nach, ob die blindwütige Anti-Springer-Kampagne damals die Brandanschläge auf Axel Springers Privathäuser, den Bombenanschlag auf sein Hamburger Verlagshaus ausgelöst und seinen Namen auf die Todeslisten der RAF befördert hat?

*Bissinger:* Das ändert aber doch nichts an der Tatsache, dass Aufklärung der Ereignisse dringend notwendig ist.

*Grass:* Nehmen wir die Fakten. Also, wenn den Springer-Zeitungen nichts anderes mehr einfiel, haben sie mich zum Gefolgsmann von Ulbricht ernannt. Wider besseres Wissen. Es lässt sich nachlesen, ich bin immer ein Gegner, kein Feind, ein Gegner des Kommunismus gewesen.

*Döpfner:* Ich meine ja auch nicht Ihre Person. Es gibt einen Kosmos vom Terrorismus hin bis ins linksliberale journalistische Milieu hinein, der Kontakte zur DDR pflegte. Das wäre ein hochinteressanter Forschungsgegenstand. Ulrike Meinhof ist 1970 bei FDJ-Führern gewesen. Es hat dann die verdeckte, nie offizielle Unterstützung der DDR-Regierung für terroristische Aktivitäten in der Bundesrepublik gegeben. Es hat die gezielte Unterstützung der Enteignet-Springer-Kampagne durch die DDR gegeben.

Ich sage ganz klar: Ich bin bereit im Hinblick auf 1968, für den Verlag Axel Springer eine selbstkritische Revision zu führen. Ich finde das spannend und glaube, unser Haus kann daraus viel lernen. Aber ich sehe leider keine Bestrebungen zu einer ebenso selbstkritischen Debatte über die inhaltlichen Verirrungen der 68er-Bewegung. Da herrscht viel Selbstgerechtigkeit.

Vielleicht könnte das ja ein Ergebnis unseres Gesprächs sein, dass Sie sich dafür einsetzen, das zu ändern.

*Grass:* Durch die 68er-Bewegung ist die Gesellschaft offener, freizügiger geworden, sieht sich aber zum Teil auch frei von Verantwortung. Durch die Überbetonung des Individuums sind Dinge, für die sie anfangs großmäulig eingetreten waren – Solidarität beispielsweise –, verloren gegangen. Die Überbetonung des Individuellen, der Selbstverwirklichung, die gern von Rechts und Links wahrgenommen wurde, hat uns auch im wirtschaftlichen Bereich zu schaffen gemacht.

*Döpfner:* Ich finde, die größte Errungenschaft der 68er-Bewegung ist ein tief wurzelnder antiautoritärer Reflex. Dass Autoritäten infrage gestellt werden, dieser Impuls sitzt seither in unseren Genen. Das ist aus meiner Sicht unstreitig eine Errungenschaft. Aber es gibt auch Felder, auf denen die 68er Fehlentwicklungen befördert haben: Technologiefeindlichkeit, Leistungs- bzw. Elitenfeindlichkeit sowie Kapitalismusfeindlichkeit. Diese Trias ist Zeitgeist geworden. Darunter leidet das Land bis heute.

*Bissinger:* Als die 68er erwachsen wurden und an die Regierung kamen, sind sie fast durchgängig von den Blättern Ihres Hauses vorgeführt worden.

*Döpfner:* Ich glaube nicht, dass das ein 68er-Reflex war, sondern dass sie aus aktuellen Gründen kritisiert wurden. Es gibt nicht die »eine Blattlinie« bei Axel Springer. Es wird immer wieder behauptet, dass es das früher gegeben habe. Ich kann nicht beurteilen, wie viel davon Klischee und wie viel davon Wirklichkeit war. Ich kann Ihnen nur sagen: Heute ist es so nicht. Es gibt einen Binnenpluralismus, und es gibt die Freiheit der Chefredakteure, ihre Blätter so zu positionieren, wie sie es für richtig halten. Es gibt jeden Tag Beispiele für gegensätzliche Positionen in unseren Zeitungen. Die BILD-Zeitung war für, DIE WELT gegen den EU-Beitritt der Türkei, BILD plädierte für Bush, BILD am SONNTAG für Kerry als Präsident. Der richtige Platz für Journalisten ist zwischen den Stühlen. Einige Mitglieder der letzten Regierung sind von einigen unserer Zeitungen sehr unterstützt worden, in der Innen- und Sicherheitspolitik beispielsweise; andere in der Außenpolitik sind scharf kritisiert worden. Das ist Pluralismus im Rahmen eines sehr liberalen Werte-Gerüstes.

Bei Axel Springer haben wir gesellschaftspolitische Werte, die in unseren Präambeln definiert sind. Das ist die deutsche und die europäische Einheit, das ist das Existenzrecht des Staates Israel und die Aussöhnung mit den Juden, das ist die Unterstützung des Transatlantischen Bündnisses, das ist die freie soziale Marktwirtschaft und das ist die Bekämpfung jeglicher Art von politischem Totalitarismus. Diesen Prinzipien sind wir verpflichtet. Das heißt aber nicht, dass nicht hart kritisiert werden darf.

*Bissinger:* Warum kennen Sie nicht als weiteres Prinzip die Verpflichtung zur Vielfalt?

*Döpfner:* Die gibt es, denn Journalismus ohne Vielfalt ist berechenbarer Journalismus, und den wollen wir nicht. Ich sage nicht, dass uns das jeden Tag gelingt, Herr Bissinger, ich bin weit entfernt von Selbstgefälligkeit, aber ich sage Ihnen: Darum bemühen wir uns.

*Grass:* Ich habe meine eigenen Erfahrungen gemacht. 1968 gab es eine regelrechte Hasskampagne gegen Willy Brandt. Und im letzten Wahlkampf konnte ich die Tendenz der Springer-Zeitungen zur CDU/CSU wieder erleben. Es war eine einzige Kampagne gegen Rot-Grün. Von Ausgewogenheit kann keine Rede sein.

*Döpfner:* Aber Herr Grass, im Gegensatz zu Ihnen, der Sie seit Jahrzehnten Wahlkampf für die SPD machen, bemühen wir uns wenigstens darum. Eine parteipolitische Agenda haben wir nicht. Das können Sie auch daran ablesen, dass im Moment der Eindruck entstehen könnte, die einzige Opposition, die es in Deutschland noch gibt, sind einige der Zeitungen unseres

Hauses. Viele unserer Zeitungen kritisieren die Regierungspolitik außerordentlich hart. Es gibt eine Treue und Loyalität zu gesellschaftspolitischen Grundsatzwerten, aber keine zu Politikern oder Parteien.

*Bissinger:* Aber Sie bestreiten doch nicht, dass die BILD-Zeitung Kampagnen geführt hat und auch immer weiter führt, schon weil das ein Teil ihrer Identität ist?

*Döpfner:* Wenn wir Kampagne als etwas Positives interpretieren, nämlich als ein journalistisches Dranbleiben, als Dinge scharf zeichnen, überzeichnen, durch Wiederholungen verdeutlichen, dann machen wir selbstverständlich Kampagnen. Wie im Übrigen andere Zeitungen auch. Die Kampagne ist ein journalistisches Ur-Mittel. Die BILD-Zeitung tut alles, was sie tut, lauter und wirksamer als andere Zeitungen. Das tut sie im Guten, und das tut sie auch, wenn sie Fehler macht. Es ist so einfach, die BILD-Zeitung von der Empore des guten Geschmacks aus zu kritisieren. Ich finde es langsam fast kläglich, wie sich manche Intellektuelle seit Jahrzehnten an ihr abarbeiten. Da gäbe es für substanzielle Medienkritik ambitioniertere Ziele. Das ist ungefähr so, als wenn Wagnerianer ihren Hass auf die leichte Muse immer wieder an Lehárs Operetten abreagieren.

*Grass:* Es rührt mich fast, wie Sie BILD verteidigen. Und das gemessen an dem, was Sie sich als Werte-Diskussion für Deutschland wünschen. Für mich ist die BILD-Zeitung aus kaltem, offenbar intellektuellem Kalkül ein Instrument des Appells an die niedersten Instinkte. Da wird Schadenfreude mobilisiert, da wird ein Personenkult auf der einen Seite betrieben ebenso wie ein Niedermachen von Personen, wenn sie ihr zu groß geworden sind, da geht es bis ins Privateste hinein. Da wird es regelrecht widerlich. Ich sehe zu Ihren Grundwerten in Ihrer Präambel einen absoluten Widerspruch. BILD ist kein Ruhmesblatt.

*Bissinger:* Sie haben mal gesagt, wenn BILD nicht mehr anstößig ist, dann muss ich mir Sorgen machen.

*Döpfner:* Das sehe ich auch heute so.

*Bissinger:* Es gibt noch ein anderes Zitat von Ihnen, das Sie in einer Rede vor Verlagsmanagern gebraucht haben: Springer-Mitarbeiter müssten »kulturell sensible Piranhas« sein.

*Döpfner:* Nun, das ist...

*Bissinger:* ...ein weites Feld...

*Döpfner:* ...um mit Fontane und Günter Grass zu sprechen. Sie haben mich gefragt, jetzt muss ich das auch erläutern, bevor das hier aus dem Zusammenhang gerissen einen völlig falschen Eindruck hinterlässt. Auf einer Führungskräftetagung habe ich unsere Mitarbeiter abstimmen lassen, was sie lieber wären: ein Piranha oder ein Gepard. Die Mehrheit votierte wie erwartet für den Geparden. Darauf begann ich mit meinem Plädoyer: Der Piranha ist besser als sein Image. Er gilt zwar als gefräßiger Raubfisch, der ganze Menschen vertilgt, in Wahrheit ist der Piranha aber eine Art Ökosystem der Natur. Er ist sozusagen Gesundheitspolizist. Noch wichtiger aber war mir: Der Piranha ist ein Teamplayer. Er tritt nur im Schwarm auf und erreicht Dinge nur im Schwarm, die einem eitlen Individualisten, der nur an sich denkt, nicht möglich wären. Etwa dem Gepard. Er ist schnell. Er ist schön. Er ist stolz. Aber der Gepard ist vom Aussterben bedroht, weil er so schnell rennt. Denn wenn er seine Beute erreicht hat, ist er so erschöpft, dass er sie gar nicht mehr fressen kann. Dann kommen andere Tiere und verzehren die Beute des Geparden. Der Piranha dagegen ist schlau und agiert im Schwarm, im Team so geschickt, dass er größere und bessere Erfolge erzielt als der eitle Gepard. Und das war die Metapher, die ich ins Unternehmen hineingerufen habe: Nicht Eitelkeit, nicht Prestige, nicht Egoismus zählen. Im Team, in der Gruppe sind wir erfolgreicher.

*Bissinger:* Im Journalismus hat es immer Kampagnen gegeben. Das ist im Prinzip nichts Verwerfliches, solange es mindestens zwei Positionen gibt. Zu Zeiten Willy Brandts waren SPIEGEL, STERN, ZEIT, einige TV-Magazine durchaus auf seiner Seite; und andere, wie der Springer-Verlag, der Bauer-Verlag und die FAZ haben die Gegenpositionen markiert. Das war öffentliche Debatte. Bei Helmut Kohl war es genau umgekehrt. Da waren SPIEGEL, STERN und ZEIT eher gegen ihn – und Springer und Bauer und die FAZ haben ihn, sagen wir es vorsichtig, wohlwollend begleitet. Was Günter Grass beklagt und was durchaus nachvollziehbar ist: In den letzten beiden Wahlkämpfen 2002 und 2005 hatte man das Gefühl, es gibt gar keine Gegenstimmen mehr. Hatten Sie diese Wahrnehmung auch?

*Döpfner:* Es ist offenkundig, dass die medienübergreifende Breite der Regierungskritik vor dem letzten Wahlkampf etwas Besonderes war – etwas, das weit ins klassische linksliberale Milieu und in die Leitblätter dieses Milieus hineinreichte. Ich glaube allerdings auch, dass dieses Phänomen verschiedene sachliche Ursachen hatte, auch psychologische. Hier und da war es auch eine »Aktion Vatermord«. Der Medienkanzler Schröder – keiner hat die Medien so wichtig genommen wie er – wurde irgendwann von seinen Kindern gefressen.

*Bissinger:* Die 68er in den Medien haben die 68er in der Regierung umgebracht?

*Döpfner:* Es gab diese Komponente. Insgesamt aber spielt das Rechts/Links-Denken eine geringere Rolle. Darüber kann man jetzt klagen, aber man kann es auch positiv interpretieren. Vielleicht sind ja nur die Verhältnisse komplizierter geworden. Das Lagerdenken wird den innen- und außenpolitischen Wirklichkeiten nicht mehr gerecht. Was ist denn Rechts heute? Was ist denn fortschrittlich? Diese ganzen Begriffe müssen doch auch noch neu aufgeladen werden. Ich habe das Gefühl, dass wir einen sehr spannenden Prozess durchleben, in dem die alten Schubladen nicht mehr taugen. Insofern würde ich die Entwicklung in den Medien gar nicht so negativ sehen. Ich habe manchmal sogar das Gefühl, dass die innere Verpflichtung zum Pluralismus zunimmt.

*Grass:* Mir fehlt, was wir früher in ausgeprägtem Maße hatten: ein wirklich gründlich recherchierender Journalismus, der Übelfällen auch wirklich nachgeht. Heute steht Meinung im Vordergrund und nicht mehr der kühl und unbestechlich recherchierende Journalismus.

*Döpfner:* Das ist Ihre verklärende Erinnerung, die mit der Wirklichkeit wenig zu tun hat. Früher wurden Kampagnen, das abgestimmte Vorgehen der Journalisten verschiedener Häuser im Dienst der vermeintlich guten Sache, viel ruchloser umgesetzt. Und dass das journalistische Niveau generell schlechter wird oder sogar verflacht, kann ich nicht erkennen. Ich glaube, das ist eher die Psychologie des Lesers Grass. Sie gehen als Liebhaber der Sprache, als Liebhaber der journalistischen Inhalte besonders kritisch mit dem um, was Ihnen täglich begegnet. Das tue ich auch. Und da ist – zugegeben – viel dünnes Zeug dabei, viel Misslungenes. Aber das gab es früher auch. Im Jahr 1900 lasen nur rund 10 Prozent der Deutschen eine Tageszeitung. Im Jahr 2000 waren es mehr als 70 Prozent. Es ist doch klar, wenn die Basis derjenigen, die am Informationsprozess teilnehmen, so verbreitert wird, dass dann auch Dinge gelesen werden, die elitären Vorstellungen nicht entsprechen.

*Grass:* Die BILD-Zeitung jedenfalls ist geprägt vom täglichen Eindringen in das Privatleben öffentlicher Personen.

*Döpfner:* Größer als die Schlagzeilen der BILD-Zeitung ist gelegentlich nur die Heuchelei mancher Prominenter, wenn sie sich als Opfer stilisieren. Erst wollen sie von der Plattform profitieren, und hinterher, wenn's mal unangenehm wird, kritisieren sie, dass BILD immer noch da ist. Wer Privates schützen will, kann das in der Regel auch. Oder haben Sie etwa über Schily, Künast, Trittin oder Köhler irgendwelche Homestories gelesen? Aber wer mit dem Privatleben Wahlkampf macht, der muss auch damit leben, dass die Boulevardpresse da ist, wenn der Haussegen schief hängt. Für die BILD-Zeitung gilt das Prinzip: Wer mit ihr im Aufzug nach oben fährt, der fährt auch mit ihr im Aufzug nach unten. Diese Entscheidung muss jeder für sich selbst treffen.

*Grass:* Interessant, was Sie sagen. Jetzt weiß ich, warum ich das so viele Jahre durchgehalten habe, mich in Ihren Zeitungen nicht zu bewegen, geschweige denn, mit Ihnen Aufzug zu fahren. Für mich ist die BILD-Zeitung geschmacklos und abscheulich. Ich bleibe dabei: Sie appelliert – und das mit Kalkül – an die niedersten Instinkte ihrer Leser. BILD ist eine Droge, und viele ihrer Käufer sind Drogenabhängige. Sie sollten vielleicht in Ihre Grundsätze noch aufnehmen: »Die Würde des Menschen ist unantastbar«.

*Döpfner:* Das steht doch schon im Grundgesetz.

*Grass:* Dann sollten Sie das Grundgesetz den BILD-Redakteuren näher bringen.

*Bissinger:* Gehörte nicht in Ihre Grundlinien hinein, dass Opfern journalistischer Berichterstattung Genugtuung verschafft werden muss? Amerikanische Blätter haben die viel gelesene Korrekturspalte.

*Döpfner:* Ja, wenn falsch berichtet worden ist, muss das korrigiert werden. Und zwar nicht nur durch eine Gegendarstellung, sondern auch durch einen redaktionellen Widerruf. Ich finde die amerikanische Einrichtung der Korrekturspalte am festen Ort ausgesprochen sinnvoll. Das begrüße ich sehr.

*Bissinger:* Eine letzte Frage an Sie beide: Wie stellen Sie sich die Rolle der Medien und der Intellektuellen für die künftige Entwicklung in diesem Land vor?

*Döpfner:* Die Medien müssen vor allen Dingen neugierig bleiben und die andere Seite der Medaille zeigen. Manchmal sind Journalisten zu sehr Herdentiere. Das kontroverse Element wird immer der Grundimpuls für guten Journalismus bleiben, nicht die konstruktive Rolle. Danach soll bitte niemand rufen, das ist nicht unsere Funktion. Von den Intellektuellen würde ich mir etwas mehr Mut und Interesse für die wirklichen Schlüsselthemen unserer Zukunft wünschen und etwas mehr Veränderungsbereitschaft und Klischeeaversion dazu. Intellektuelle könnten – anders als Medien, die immer reagieren müssen – Vordenker sein, Avantgarde sein, Gestalter sein.

*Grass:* Es gab solches unter den Intellektuellen und auch unter den Schriftstellern sehr früh. Diejenigen beispielsweise, die für erneuerbare Energien eingetreten sind, immer im Gegensatz zu einem Großteil der Medien, in denen man nach wie vor auf Atomkraft setzte – trotz Tschernobyl. Heute beginnt der Prozess des Umdenkens bis in die großen Konzerne hinein. Da merken sie, dass Windkraft oder Sonnenenergie Zukunftsprojekte sind, die weiter verfolgt werden müssen.

Was im Übrigen mich und die gesellschaftliche Einmischung betrifft, da werde ich so weitermachen wie bisher, also mich streitig zu Wort melden. Ich bin mittlerweile in einem Alter, in dem man sein Haus bestellt hat und auch nicht so vernagelt ist, dass ich sage, meine Ablehnung gegen die Zeitungen des Springer-Verlages ist etwas Festgefügtes. Und ich wünschte mir, Herr Döpfner, nicht nur für mich, sondern für unser Land insgesamt, dass in Ihrem machtvollen Bereich ein Umdenken beginnt, ein größeres Differenzieren und – das sage ich jetzt als Grafiker – ein Feststellen der Grauwerte zwischen Schwarz und Weiß. Raus aus dem Lagerdenken, so dass ich vielleicht in späterer Zukunft, ohne schamhaft erröten zu müssen, bereit sein kann, in der WELT einen Artikel oder ein Interview zu veröffentlichen. Ich traue Ihnen jedenfalls zu, dass Sie im Sinne dieses Gesprächs im Springer-Konzern bis zu Ihrer möglichen Kündigung wegen zu großer Liberalität daran arbeiten.

*Nach der Veröffentlichung von Teilen des Gesprächs im SPIEGEL bewegte sich BILD und führte eine tägliche Korrekturspalte ein.*